ALLOCUTION

PRONONCÉE PAR LE PASTEUR N. P.

DANS L'ÉGLISE DE SAINT-GERMAIN EN LAYE
LE 4 AVRIL 1866
AUX FUNÉRAILLES DE SA FILLE ADELINE
QUE DIEU A RETIRÉE DE CE MONDE
LE JOUR DE PAQUES, DANS SA QUATORZIÈME ANNÉE

PARIS

TYPOGRAPHIE DE CH. MEYRUEIS
Rue Cujas, 13.

1867

ALLOCUTION

PRONONCÉE PAR LE PASTEUR N. P., DANS L'ÉGLISE DE SAINT-
GERMAIN EN LAYE, LE 4 AVRIL 1866, AUX FUNÉRAILLES
DE SA FILLE ADELINE, QUE DIEU A RETIRÉE DE CE MONDE
LE JOUR DE PAQUES, DANS SA QUATORZIÈME ANNÉE.

> Et Jésus leur dit : « N'avez-vous
> jamais lu ces paroles : Tu as tiré
> une parfaite louange de la bou-
> che des enfants. »
>
> (MATTH. XXI, 16.)

Ne croyez pas, mes chers frères, que je
veuille faire ici le panégyrique de cette enfant.

Je ne veux que louer Dieu et la puissance régénératrice du Saint-Esprit. Je ne vous dirai donc pas : elle a glorifié son Sauveur; mais voilà comment il s'est glorifié en elle.

Car c'est Lui, c'est bien Lui qui a tout fait. Il l'a marquée de son sceau dès son plus jeune âge. Tout enfant, elle avait déjà l'amour des âmes, cette ardente charité qui fait qu'on s'intéresse au salut d'autrui. A trois ans et demi, plusieurs semaines après la mort de sa bisaïeule qu'elle aimait tendrement, elle demanda, **tout en pleurs**, « si sa grand'mère aimait bien Jésus-Christ. » On lui dit que oui, certainement, et que ses dernières paroles avaient été pour Lui. Elle se calma et ajouta : « J'avais si peur de ne pas la voir dans le ciel ! »

A peu près à la même époque, elle se mit encore à pleurer en entendant expliquer la parabole de l'Enfant prodigue, et elle s'écria : « Cela me fait tant de peine qu'il y ait des gens qui n'aiment pas Jésus-Christ ! »

A quatre ans, après avoir failli se tuer dans une chute, elle dit à sa mère : « Eh bien, voilà tout : je serais allée au ciel avec ma grand'-mère ; tu serais venue me retrouver plus tard. »

Elle était alors pleine de vie, et déjà ses pensées prenaient sans cesse le chemin du Ciel.

Elles le prirent bien plus encore dans la suite, malgré l'accident qui donna à son cerveau un ébranlement dont il ne put se remettre et qui, lentement, a amené sa mort.

Elle avait une foi touchante dans la Parole de Dieu, dont elle aimait tant la lecture ! — Un petit enfant qu'elle connaissait tomba malade ; elle en entendait parler tous les jours ; on n'espérait plus le conserver, lorsqu'une heureuse crise amena son rétablissement ; et comme on s'étonnait de cette délivrance inattendue, elle dit très simplement (car jamais elle n'a cherché à se faire remarquer) : « Je savais bien qu'il guérirait. — Comment cela ? —Parce que j'avais prié pour lui. — Pour l'éprouver, on lui dit : «Tu crois donc que Dieu ne peut rien te refuser, parce que tu es une petite fille accomplie ! Tu sais pourtant bien que tu n'es pas toujours sage.» Alors, avec son doux et beau sourire, elle dit : « Mais ce n'est pas à cause de moi ! C'est parce qu'Il a dit : *Tout ce que vous demanderez en mon nom, je le ferai. C'est* seulement pour cela ! »

Un jour qu'elle était plus souffrante et qu'on
était dans une grande angoisse à son sujet, elle
rappella à ceux qui s'affligeaient près de son
lit que Jésus-Christ avait dit : « *Qu'il vous soit
fait selon votre foi !* » Et elle prononça ces
mots avec une telle énergie que ceux qui pleu-
raient reprirent courage et tournèrent leurs
regards en haut.

A neuf ans, elle choisissait elle-même pour
sa jeune sœur des passages de la sainte Écri-
ture et les lui faisait lire. On l'entendit une
fois lui indiquer le chapitre X de l'évangile
selon saint Jean, et ajouter : « Si tu savais
comme c'est beau ! C'est Jésus qui se com-
pare à un berger, et nous à des brebis ! »

Dans le même temps on lui demanda, après
une prière faite avec elle, si Dieu lui avait dit
quelque chose dans son cœur. « Oui, répondit-
elle, il m'a dit que j'étais son enfant ! » On re-
prit : « Est-ce la première fois qu'Il te dit
cela ? — Oh ! non, s'écria-t-elle. J'étais toute
petite qu'Il me le disait déjà. »

Et plus tard, l'année dernière, lorsque, son
état s'étant toujours aggravé, elle était deve-
nue très infirme, ce n'était qu'avec la Parole

de Dieu qu'on pouvait la fortifier dans ses heures de tristesse........

Car elle a eu des angoisses, des combats, des défaillances. Sa conscience, d'une délicatesse infinie, lui reprochait jusqu'à la moindre pensée contraire au devoir. Elle sentait le péché en elle ; elle en gémissait ; elle aurait voulu ne jamais offenser son Dieu. Quand une parole vive lui était échappée, elle n'avait de repos qu'après en avoir demandé pardon à Dieu et à ceux qui l'entouraient. Et on ne pouvait la rassurer qu'en lui répétant que *« le sang de Jésus-Christ purifie de tout péché »* ceux qui ont mis leur unique espérance dans ce bon Sauveur.

Elle a eu aussi des angoisses à cause de sa santé qui ne s'améliorait pas, quoi qu'on fît. Elle ne regrettait pas les amusements de son âge, dont elle était privée, mais bien plutôt de ne pas pouvoir étudier comme ses sœurs, et par-dessus tout, elle s'affligeait en pensant qu'elle ne pourrait pas être utile. L'année dernière, elle dit : « Si je ne guéris pas, je ne serai bonne à rien dans la vie. J'aurais tant voulu être diaconesse ! » — On lui fit observer qu'elle accepterait alors pleinement la volonté de Dieu et que cet effort serait plus agréable au Seigneur que toutes les œuvres extérieures qu'elle aurait pu accomplir. Elle s'écria aussitôt : « Alors, c'est bien ; je suis contente. Pourvu que je puisse faire quelque chose qui lui fasse plaisir, c'est tout ce qu'il me faut ! »

Elle priait beaucoup. Toute petite, avant d'être malade, lorsqu'une leçon l'ennuyait, elle laissait un instant son livre, se mettait à genoux, et demandait à Dieu de l'aider à l'apprendre. Elle priait avec sa sœur, elle priait à propos de tout. Quand une chose lui faisait plaisir, vite elle en remerciait Dieu ; quand elle avait du chagrin, c'était tout d'abord à la prière qu'elle demandait la consolation. Et elle a toujours plus prié à mesure qu'elle a approché de sa fin. On l'interrogeait, dans ces derniers mois, sur ce qu'elle disait le plus souvent à Dieu. Elle répondit : « Je lui demande de me guérir, s'Il le veut ; mais, tu sais, ce sera comme Il voudra. Je dis toujours : Seigneur, que ta volonté soit faite et *jamais* la mienne ! »

Elle était réellement arrivée, lorsque le Seigneur l'a appelée dans le ciel, à un complet détachement. L'épreuve avait produit ce résultat béni. Elle parlait du ciel comme on parle d'aller dans son pays, elle se réjouissait d'avance de la joie qu'elle aurait lorsque ceux qu'elle aimait viendraient l'y trouver.

L'année dernière, elle dit : « Je voudrais mourir un dimanche, parce que c'est le jour du bon Dieu. »

Il l'a entendue, et l'a retirée de ce monde précisément le plus beau dimanche de toute l'année, celui de la Résurrection de Jésus-Christ.

Malgré son triste état de santé et ses courtes défaillances morales, elle se trouvait très heureuse. Lorsqu'elle énumérait tous ses sujets de reconnaissance, elle ne manquait pas de mettre en première ligne « la joie d'avoir un si bon Sauveur qui l'aimait tant, et qui lui avait, disait-elle, tout pardonné. »

Aussi sa dernière phrase intelligible a-t-elle été pour Lui.

Le vendredi saint, deux jours avant sa mort, elle essaya de chanter avec sa famille le cantique : « *O Christ ! j'ai vu ton agonie !* » Tout à coup elle fondit en larmes. Il fallut s'interrompre un instant, et quand on lui demanda ensuite la cause de ses larmes, elle répondit : « Je pleurais parce qu'Il a souffert aussi pour moi. »

Vous voyez bien, mes frères, que c'est le Seigneur qui s'est glorifié lui-même dans cette âme.

Est-il naturel qu'une enfant, qu'une jeune fille, une jeune fille dont l'avenir est brisé, se trouve cependant heureuse, vive à moitié dans le ciel, et ne désire autre chose que de pouvoir accepter la volonté de Dieu, quelle qu'elle soit?

Est-il naturel d'avoir à cet âge un si vif sentiment de ses péchés et un recours si ardent à Jésus-Christ?

Est-il naturel de s'oublier sans cesse pour les autres, comme elle le faisait? Car il ne faut pas croire qu'aimant Dieu par-dessus tout, il n'y eût plus de place dans son cœur pour les autres affections. Elle aimait profondément ses parents, son frère, ses sœurs, ses amies, tout ceux qui s'occupaient d'elle, et elle avait la plus charmante façon de le leur dire et de le leur prouver.

Si son intelligence s'était affaiblie du côté des occupations de l'esprit, elle retrouvait toute sa vivacité d'autrefois dès qu'il s'agissait des choses religieuses.

Plus « *l'homme extérieur* » se détruisait en

elle, plus « *l'homme intérieur* » se renouvelait et se fortifiait.

Tout cela, c'est l'œuvre du Saint-Esprit.

Eh bien, mes frères, ce qu'Il a fait en cette enfant, Il le fera en nous, si nous voulons, c'est-à-dire, si nous l'en supplions.

Remarquez encore que c'est surtout par les souffrances que Dieu a développé cette âme. Acceptez donc, acceptons donc nos souffrances, comme des messagères bénies du Dieu d'amour qui nous demande de lui donner tout notre cœur et de nous laisser sauver par Lui.

Cette enfant est au ciel. Nous n'en doutons pas, car ce serait douter des promesses de ce Dieu fidèle qui a dit : *Je ne mettrai point dehors celui qui viendra à moi ;* et encore : *Celui qui croit au Fils a la vie éternelle ;* et encore : *Bienheureux sont dès à présent les morts qui meurent au Seigneur.* — Elle ne s'est appuyée que sur Jésus et sur sa croix, *à Lui.* On l'aurait bien étonnée si on lui avait parlé de ses mérites *à elle,* des mérites de *ses* souffrances... Elle n'aurait pas même compris !

Oui ! Jésus ! Jésus seul ! Pour vivre, pour mourir, pour être sauvés ! Christ, et Christ crucifié! Nous ne voulons pas savoir autre chose.

Au pied de la croix, mes frères, au pied de la croix, pour laver nos âmes dans ce sang qui efface les péchés, qui *seul* les efface!

Et que chacun de nous puisse dire, comme cette enfant, en versant des larmes de repentance, de tendresse, de reconnaissance, de foi·

« *Il a souffert aussi pour moi!* »

Amen.

CANTIQUE

— 1 —

Ah! pourquoi l'amitié gémirait-elle encore
Sur ceux qui, dans l'exil, comme nous dispersés,
D'un jour consolateur ont vu briller l'aurore,
Et que vers Canaan Dieu lui-même a poussés?
Affranchis avant nous du mal qui nous dévore,
Ils ne sont pas perdus, ils nous ont devancés.

— 2 —

Oh! combien ici-bas pesait à leur faiblesse
Ce fardeau de chagrins sur leur tête amassés!
Et que leur pauvre cœur comptait avec tristesse
Tant d'heures, tant de jours dans la douleur passés!
Nouveau-nés de la tombe, et parés de jeunesse,
Ils ne sont pas perdus, ils nous ont devancés!

— 3 —

Qu'il est doux, dans les cieux, le réveil des fidèles!
Qu'avec ravissement, autour de Dieu pressés,
Ils unissent au son des harpes immortelles
Les hymnes de l'amour ici-bas commencés!
Amis, joignons nos voix à leurs voix fraternelles :
Ils ne sont pas perdus, ils nous ont devancés.

— 4 —

Le péché ni la mort ne sauraient les atteindre
Dans la haute retraite où Dieu les a placés;
Leur tranquille regard contemple, sans les craindre,
Sous les pas des humains tant de piéges dressés.
Leur bonheur est au comble, et nous pourrions les plaindre!
Ils ne sont pas perdus, ils nous ont devancés.

— 5 —

Puisse la même foi qui consola leur vie
Nous ouvrir les sentiers que leurs pas ont pressés,
Et, dirigeant nos pieds vers la sainte patrie
Où leur bonheur s'accroît de leurs travaux passés,
Nous rendre ces objets de tendresse et d'envie,
Qui ne sont pas perdus, mais nous ont devancés.

— 6 —

Quand le bruit de tes flots, l'aspect de ton rivage,
O Jourdain! nous diront : Vos travaux sont cessés!
Au pays du salut, conquis par son courage,
Jésus nous recevra, triomphants et lassés,
Près de ces compagnons d'exil et d'héritage,
Qui ne sont pas perdus, mais nous ont devancés.

Publications pour la Jeunesse, n° 93.

Paris. — Typ. de Ch. Meyrueis, rue Cujas, 13. — 1867.

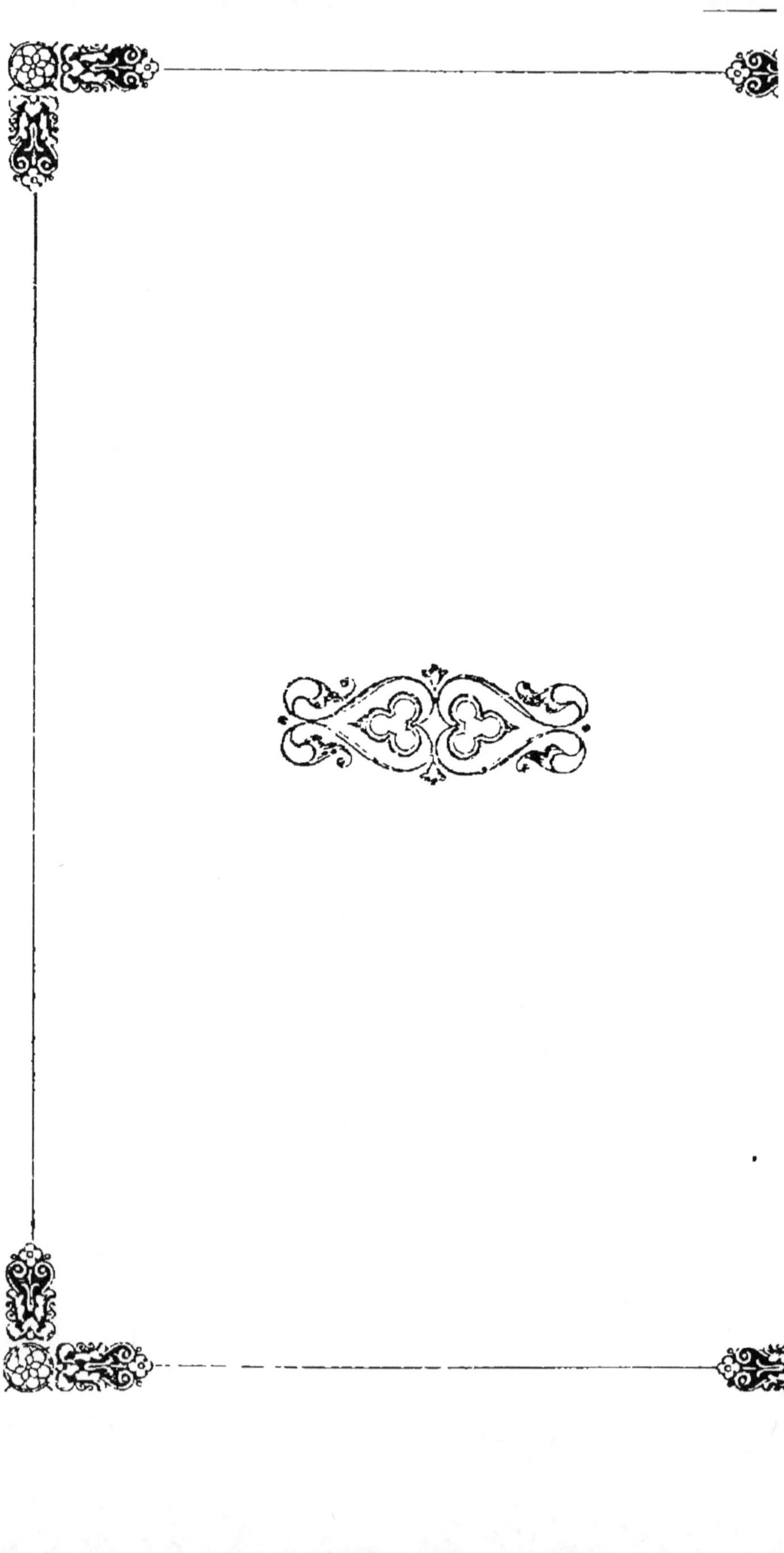

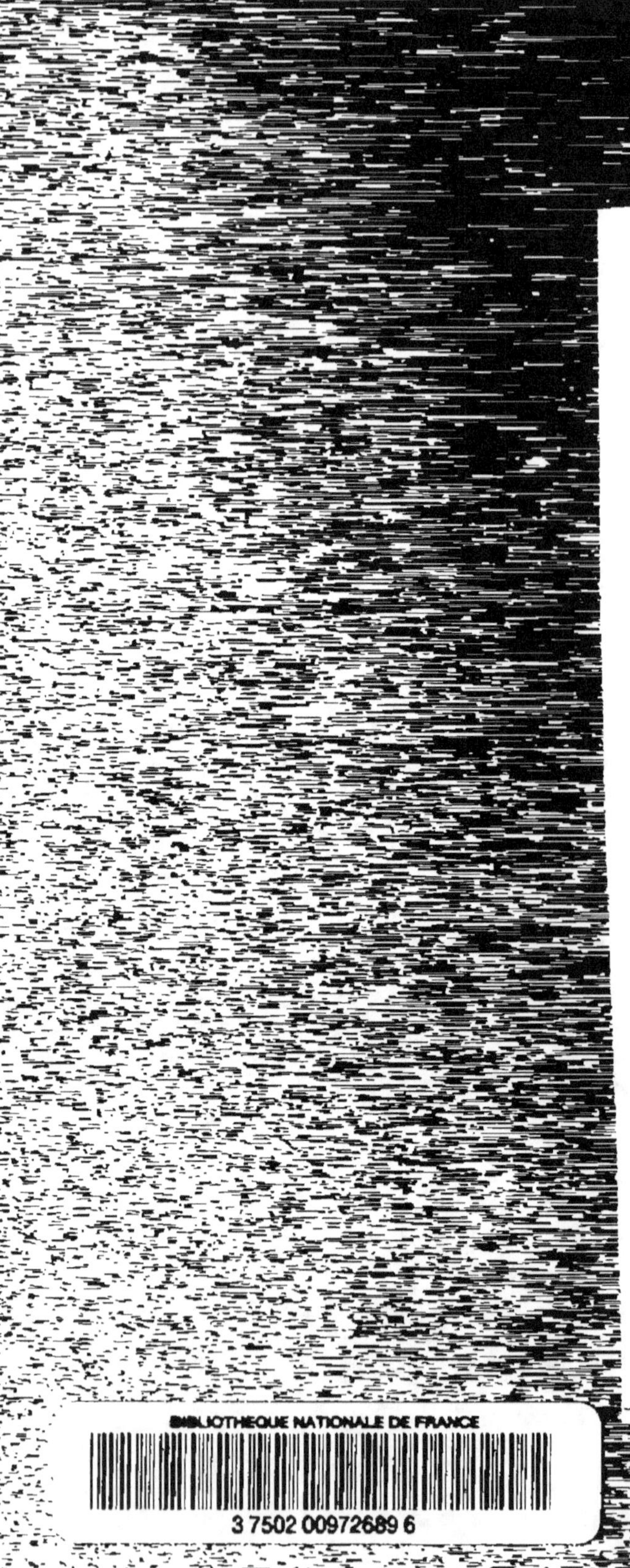

www.ingramcontent.com/pod-product-compliance
Lightning Source LLC
LaVergne TN
LVHW022249030726
842520LV00009B/1954